LIFE THE KO

生きるを活かす9のこと

柴咲コウ

PARCO出版

Contents

はじめに

人の趣味やお金の使い方には様々あると思うけれど、私は昔から、特に「いえ」への憧れが強くありました。

一人っ子の鍵っ子で留守番することも多かった私を、受け入れてくれるのは「いえ」であり、また自立した私が一番したかったことも「いえづくり」でした。

自分のくつろげる場所、自分の赦《ゆる》される場所、自分を癒す場所。

「いえ」は、朝起きて、一番に目に映る空間であり、エネルギーを補給する場でもあり、物事を内省的に見つめるいわば「心と向きあう場」でもあります。そして、夜になってまた身体《からだ》を休める場所。

誰にとっても、心と身体は人間社会を生きるうえで最も大切な資本でありますが、私のベースを作る大切な場所、それが「いえ」であり「暮らし」なのです。

生きていると、人は心にいろんなことが積み重なっていきます。気になること、失敗、反省、後悔……。でも、過去には戻れないし、それでも生きなくてはいけないのですから、考えてみたら大変です。

でも、いえの中でゴロゴロとくつろぐ猫たちを見ていると、彼らは「今」を生きているのです。（動物たちはいつもとても大切なことを教えてくれます）。

人間は考えてしまうものだから仕方がないけれど、「人とくらべて」ではなく、まず「今の自分の気持ち」に整理をつけるために、私はお掃除をしたり、生活を見直したりしています。

目の前にある場所をきれいにすることで、視覚的な効果もあり、「ととのえる」ことで精神の安定をはかることができます。

ちょっと修行にも近いでしょうか。でも、それが自分を見つめ直す良い機会になると思い、私は「ととのえる」を日々続けています。

まずは自分を大切にして、何が自分にとって必要なのか、今何をやるべきなのか、生活を見直しながら見つけていけたら、きっとそれが幸せにつながるのかなと思います。

自分に足りないものを育てる。できなかったことと向き合う。過去の自分の行いを省みて精進する。

そうして、一歩一歩少しずつでも成長し、一つ一つのモノやコトに感謝し、慈しむ……この本で、そんな日々の心持ちに触れていただければ嬉しいです。

私の生活年間サイクル

冬

（12月後半〜3月上旬）は閉鎖、冬眠の時季。なるべく新しいことはせずに内省したりいえしごとをしたり。春の山菜のように、冬は養分を蓄えています。

春

（3月下旬〜5月）になると開花。やりたかったこと、取り組みたかったこと、脳内のみで形にはなっていなかったことを、アウトプットしたり、実現させていく時季。

梅雨

（6〜7月上旬）はつゆやすみ。うめしごとをして一時休憩。

夏

（7月下旬〜8月）はアグレッシブ。8月生まれということもあり、梅雨の間に溜めたエネルギーを放出します。

秋

（9〜11月）は夏の勢いの続きで、気候も良いので趣味、仕事に邁進。年末のお籠りに向けて外にもよく出かけます。

人間も、植物と同じようなところがあり、さらには毎日の潮の満ち引き（月の満ち欠け）でコンディションも変わります。自分の体調にいちばん敏感なのは自分なので、心と身体の声をよく聞きながら生活しています。

CHAPTER 1

KO's Lifestyle

「住」

Living

暮らすこと
ととのえること

23

思い返せば、子どものころから間取り図を見るのが好きでした。

チラシの住宅情報にある間取り図を眺めては、「どんないえなのだろう」と想像するのが楽しかったことを覚えています。一人っ子の鍵っ子だったので、いろいろ空想して遊ぶ時間が多かったからかもしれません。

「この間取りだったらどこにどんな家具を置こうか」と想像するのは今も楽しいことで、さらに、内装はどのような感じか、最新の設備がどんなものかなど、ついついチェックしてしまいます。

いえが心地良くあることは、とても大切だと考えています。何より「ととのえる」ということが大好きなので、収納や掃除は私にとってはとてもワクワクすることなのです。達成感や充実感、視覚的な気持ち良さもあるので、すごく楽しんでやっています。得意でないのは洗濯物干しと畳むことと皿洗い……。それ以外はできるだけ自分で好きなようにやりたい。部屋をととのえることは心をととのえるのと同じだと思います。

といっても、じつは「面倒くさがり」な面もあるため、掃除は基本的にルーティンでこなせるようにしたいのです。猫と一緒の生活ということもあってこまめに掃除機やハンディモップで掃除するようにしています。夜のうちにハタキでパタパタとほこりを落としておき、翌朝になったら一気に掃除機で吸い込むというのが理想の掃除。窓を全開にして空気を入れ替えて、棚も床も拭き掃除をすれば気分さっぱり。

ちなみに、ハタキは羽根のついたふんわりしたタイプを使っていて、ひとたびパタパタと掃除を始めると、我が家の猫たちの目がランランと輝きだします。完全にじゃれるモード全開になってしまうと、もうたいへん。でもそれもまた楽しみだったりします。

そうそう、猫と生活していると掃除や片づけを積極的にやるようになるという利点があります。オフィスにも猫がいるので、私もスタッフもいたずらされないよう、ものを出しっぱなしにすることはないですし、来てくださった方に失礼がないよう、掃除もこまめにするようにしています。「オフィス猫」、おすすめです（ミーティングルームと執務室は分離しています）。

いえの中やオフィスの空間は、いちばん自分の目に映るものです。視覚的な効果を考えると、きれいな状態のなかで過ごしていると他の効率も良くなると思います。時にはやらなければいけないことからの現実逃避で掃除に没頭するなんてこともありますが、目に映るものが美しければ気分は良いですし、掃除をしながらやりたいことをリストアップしたり、優先順位を考えたりと頭の中を整理できるので、もやもやを抱えている時は、部屋をきれいにすることで頭の中もすっきりするような気がします。

収納も同じように楽しいこだわりごとの一つで、棚にぴったりな収納ボックスを見つけると、ものすごく嬉しくなるくらいです。ゲームのテトリスでブロックがピタッとはまった時の快感と同じだと思います。

今よりものの量が多かった時期には、収納しきれずにそのたびにたくさんのものを捌《さば》かなければいけないストレスがありました。ものを持つということは、それらを把握して管理しなければならず、量が多すぎると嫌になって疲れてしまうこともあります。そういうことを繰り返すうちに、自分にとっての適量がわかるようになってきたのだと思います。

たとえば、普段使いの大きめバッグはハンガーラックの上の棚に入る分だけ、毎日使う器はコンパクトな引き出し2段分に納めるようになど、今は収納する場所に合わせて物量をコントロールしているので、一つ増えたら一つ見直すようにしています。決してミニマリストではないですが、増えてきたら整理するように心がけています。移動が多いせいもあるかもしれません。あれこれ持って移動するわけにはいかないので、嫌でも厳選するようになってきました。

コンサートツアーや旅先で、「こんなに化粧品を持ってきたけど使わないな」と思うこともあれば、「こんなにお洋服は必要なかったな」などと気づくことがよくあったので、「自分にとっての必要最低限のものはこれくらい」と把握できるようになったのかもしれません。たとえば緊急事態が起きて、スーツケース一つで出なくてはいけないと考えてみると、持っていかなければいけないものって

それほど多くないと感じています。

と、あれこれ書いてきましたが、毎日ピカピカをずっとキープできているかというと、なかなか難しい日もあります。忙しくなると、どうしても整理整頓が行き届かなくなってしまうのです。

私はともすると「0か100か」という極端なところがあります（この性格は改善しなければと思ってはいるのです）。そんな性格なので、いったん散らかり始めると、どうでもよくなって何もしなくなってしまう時もありますが、その半面、ひとたび整理整頓スイッチが入るとすべてをしっかり片づけないと気が済まなくなります。

ものの帰る場所が決まっていれば、そこに戻せば良いだけなので気は楽です。収納方法がきちんとしていて、そこに合った物量をキープできているといかに快適に過ごせるかと実感しています。

どこに出かけても、どう過ごしていても、帰るのは自分のいえ。自分なりに使いやすく整理されていて、心が落ち着く場所にしたいと思っています。

有機米酢
2020.4
旬味
本みりん
2020.9

OMISO

My Office

オフィスに猫がいると、
自然と片づけるように
なります。「オフィス
猫」はおすすめです。

サイズがぴったりの収納ができると、テトリスのブロックがはまった時のような快感を覚えます。

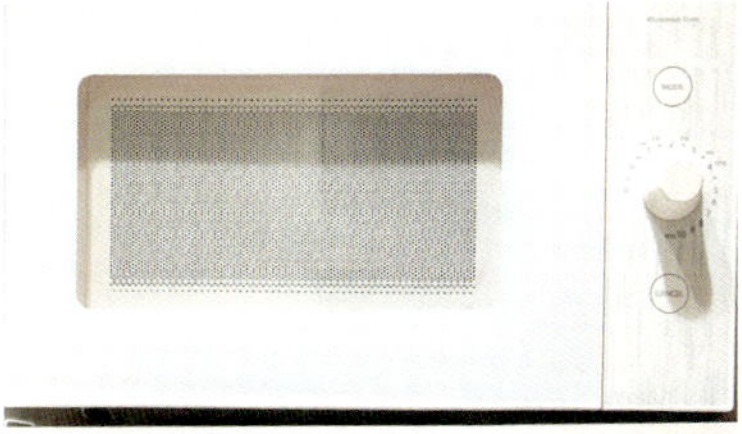

CHAPTER 2

KO's Lifestyle

「食」

Cooking

作ること
うめしごと

トントントンと野菜を切る。ひたすらグツグツとスープを煮込む。一つ一つていねいに梅のヘタを取る。そんな没頭できる作業がたまらなく好きです。

おいしいものを食べたいという気持ちはもちろんですが、そこに至るまでの過程を楽しむタイプなのだと思います。野菜を切りながら、その日のことを反芻《はんすう》してみたり、鍋の様子を確認しながら、これからやりたいことを整理したり。料理をする時間は、私にとって脳内整理をするためにも大切な時間です。

ひとりごはんの時も、家族でいただく時も、なるべく一品で野菜をたくさん摂りたい。さらに洗い物は少なくしたい。そして野菜を刻んだり包んだり、ひたすら没頭できる料理がしたい。となると、もちろん好きだからなのですが、餃子、麻婆豆腐、カレー、餃子……と、好きなもののルーティンになりがちに。

でも、じつは毎日麻婆豆腐でも平気なくらい麻婆味と大豆製品が大好きです。豆板醤《トウバンジャン》、コチュジャン、甜麺醤《テンメンジャン》に生姜もたっぷり。豆腐とひき肉だけでなく、ほうれん草や青梗菜《チンゲンサイ》などの青菜を加えることも多く、その時によって違う仕上がりになります。

餃子も同じように具材をいろいろ変えて何度も作るおかずです。オーソドックスにキャベツとひき肉という場合でも、キャベツをどっさり入れるだけでも食感が変わりますし、豚ひき肉よりも鶏ひき肉のほうがあっさりした味わいになったりします。以前、友人に餃子の専門店「蔓餃苑」さんに連れていってもらい衝撃を受けたのが、おかひじきの餃子でした。みっちり詰まったおかひじきのシャキシャキとした食感がたまらなくて、自分でも作るようになったくらいです。

おいしいし飽きないし、さらに自分で包む工程は、大好きな「没頭できる作業」でもあるし、良い焼き色に仕上がると嬉しいものです。だから、登場回数が多くなるのかもしれません。

数年前からは、梅の実がなる6月ごろになると「うめしごと」をするようになりました。青梅で梅酒と梅シロップ、黄梅で白梅干しや甘酢干し、昨年の白梅酢でにんにく漬けも始めました。

入梅のころになるとそわそわして「去年は梅酒をどれくらい作ったんだっけ」「黒糖を使ってみようか」などと考え始めます。一昨年はなかなか晴れず、梅が干せなくて大変でした。ものすごくしょっぱくなってしまったので寝かせている最中なのですが、昨年のものはとてもおいしく仕上がりました。出来上がれば「これこそ良い塩梅《あんばい》だ」なんて思ったりします。「去年の夏の梅干しはどうだった」とか、「今年の梅酒は良い味になった」などと思うたびに、季節がめぐるのを感じます。

梅酒や漬物は食べ頃が半年以降と時間はかかりますが、一から手をかけることで、完成した時は喜びもひとしお。「うめしごと」をするようになってから、より一層、暮らしを取り巻くコト、モノに愛着を持てるようになったと思います。

次は、お味噌づくりにも挑戦したいと思っています。自分で作ったお味噌で仕上げるお味噌汁を想像すると楽しみでしかたありません。お味噌汁が大好きで、野菜をたっぷり入れることもあれば、食べ応えのある豚汁にすることもありますし、これも具材をあれこれ変えて楽しむ一品。もはやご飯とお味噌汁だけでも良いと思えるくらい好きな存在です。

それくらい「食卓はシンプルでも良い」と思えるようになったのは、料理研究家の土井善晴さんの『一汁一菜でよいという提案』という本を読んだことも大きいかもしれません。ことさら品数を増やさなくても、自分で炊いたご飯とお漬物、そしてお味噌汁があれば充分なのです。

旬の食材はそれだけで何よりのご馳走ですし、農家さんが無農薬で育てた野菜は、丹精した手間や時間を想像するととても贅沢な食材だと思います。色鮮やかなおかずが並ぶテーブルに憧れることもありましたが、今の自分が好んで作るものは、煮物やおひたしなどが多く、基本的には「おばあちゃんが作るような」素朴な献立。でも、それで良いと思えるようになったらなんだか楽になった気がします。

毎日食べるごはんは、地味で良い。旬の野菜を買ったら市販のタレではなく、いえにある調味料を配合して浅漬けを作ったりします。慣れるとそのほうが楽だし経済的。食品を買う際には、無農薬栽培、無添加を基本にしています。今や食べたいものがすぐに手に入る時代ですが、「自分は自分の身体の責任者」という思いを持ちながら、実直に、自然に逆らわずに食物を作り出す農家さんや販売元の方たちを応援したい。そういう意味も込めて食品を購入するようにしています。

一汁一菜は手抜きでもないし、いろいろ作らなければと義務感を持つ必要もない。愛情があって、おいしいと感じることがいちばんだと思いながら、没頭できる工程を楽しみつつ料理にいそしんでいます。

料理は癒し。自分をより知ることができる大切な時間です。

A

麻婆ほうれん豆腐

作り方

1 にんにく、生姜、ごま油を火にかけて弱火で香りを出し、豆板醤、甜麺醤を加える。

2 鶏ひき肉を加えて炒め、酒、醤油を加える。

3 鶏がらスープと水400mℓを入れて加熱し、煮立ってきたら豆腐、ほうれん草を加える。

4 味をみて調整後、火を一旦止め、水溶き片栗粉を回しかけ豆腐が崩れないように手早く混ぜ、ひと煮する。

5 お好みで青ネギとラー油を入れる。

B

苦瓜スープ

作り方

1 苦瓜を好みの厚さに切り、炒める（素揚げ的に）。

2 鶏がらスープに *1* をin。

3 最後にクコの実を入れて少し加熱。

C

肉巻き野菜

作り方

1 豚肉（薄切肉）で苦瓜、トマトを巻き巻き。

2 小麦粉をまぶし、フライパンで転がしながら焼く。

3 みりん、砂糖、醤油で味付けする。

D

ツ納豆マト

作り方

トマトを切って、ツナ、納豆、白ごま、タレ（青ネギ）など、好きな具材を入れて混ぜるだけ。

包んで包んで、焼いて、
食べたら、また包む。
餃子がたまらなく好き！

Gyoza Love

コウ流
基本の餃子の作り方

1 キャベツをみじん切りにし、塩をまぶし、しんなりしたら水気をきる。

2 豚か鶏ももひき肉を練り、たっぷり生姜、砂糖少々、鶏がらスープの素、醤油少々、ごま油、こしょうを加え、混ぜて、キャベツを加えたら練って少し寝かせる。薄めの皮で包む。

3 焼き方が命！ 油少々を入れ、餃子を並べてから中強火でフライパンを揺すりながらうっすらと焼き色をつける。

4 80～100㎖のお湯を加え、蓋をして蒸し焼き。赤子泣いても蓋取るな！ 音をよく聞いて。パチパチ乾いた音になったら蓋を開けてごま油を少し鍋肌から回し入れる。

5 余分な油を取って、フライパンごとお皿にひっくり返す。

うめしごと

Ume Shigoto

数年前から始めた「うめしごと」はすっかり梅雨の時季のルーティンに。梅を洗って、一つずつヘタを取ったら、しっかり水気を拭く。そこから梅酒に梅ジュース、梅干しを作る。この工程が楽しくてしかたない。

Hibino Gohan

日々のごはん

無性にアボカドが食べたくなって、鰹節とお醤油だけでもりもりいただく。

大根とごぼうと豚肉の煮物で「おうちごはん」。

おせち。忙しくても最低限、伊達巻と栗きんとんは手作りで。

CHAPTER 3

KO's Lifestyle

「器」

Tableware

出会うこと
大切に使うこと

原稔さんのシアンシリーズのリム皿。
ペールブルーの色合いが愛おしい。

器は、見るのも、使うのも、作るのも好きです。ギャラリーやお店へ行った時は、目の前に並んだ器にどんな料理が合うかと想像するのがとても楽しいのです。だから、あまり同じものを複数買うということがありません。一つ一つ、一枚一枚個性を楽しむほうが好きです。

「とはいえ、ほしいものをあれこれ買っていると収納場所が足りない」と悩みを抱えていた時に出会ったのが豆皿でした。小さな一皿のなかに個性がぎゅっと詰まっていてなんとも愛おしく、さらに使い道もいろいろあるうえ、場所も取りません。原依子さんの豆皿はかわいいが詰まっていて見ているだけでもうっとりしてきますし、小西潮さんのカラフルな色使いの小さなガラス皿もテーブルを華やかにしてくれる存在です。お菓子をのせるのはもちろん、副菜をちょこっと盛るのにも、醤油皿としても使っています。

柄のものばかりだとテーブルが賑やかすぎてしまうので、そういう時は白磁のシンプルな器を合わせます。無地でもニュアンスのある、美しいディティールのものに出会うと、やはり手に取ってしまいます。

私が作る「おばあちゃんが作るような」地味な料理には器の力は欠かせません。抹茶や煎茶、紅茶やハーブティーとお茶を飲むのも好きなので、ティーカップや湯のみにも目がないです。だからいつも、収納場所とのせめぎ合い。出会う先々で「ほしいけど、あの引き出しや棚に収まるかな、どうしよう」と思案することさえも楽しんでいます。

じつは10年ほど前からは、自分でも器を作るようになりました。誕生日の記念に友人で陶芸家の林彩子さんのアトリエで作陶させてもらったことがきっかけでした。目の前にある土の塊が、自分の手で形になっていく。ちょっとの手のブレでその形が変化していく。神経が研ぎ澄まされていく感じに夢中になりました。一つのことに集中して進める作業が好きな私に合っていたのかもしれません。小さな器やおかずをのせるお皿を作ったのですが、初心者らしくなんともいびつで、……。それはそれで味だと思っています。今作っても同じものはできません。あの時にしか作れなかったものだと思うと本当に愛おしくて大切な器です。

ここ数年は、岐阜の土岐市で工房を構える陶芸家の林恭助さんと友加さんご夫妻の元へ通っています。作るのは、主に白磁や志野焼のもの。特に志野焼のピンクとグレーの組み合わせが好きで、なぜこんなに愛らしい色が生まれるのかと不思議になります。薬の掛け合わせや焼く際の温度、土の種類など、どんどん興味が湧いてきて追求していきたい気持ちが強くなっています。学校に通いたいくらい。いつか山籠りをしてしまうかもしれません。

一度、恭助さんの師匠である加藤孝造さんの窯出しにもお邪魔したことがあり、夜中まで作業を見せていただく機会に恵まれました。私にはとても美しいと思える瀬戸黒のお茶碗でもダメだと言って破棄する姿、陶芸への強い思いに圧倒されたことを思い出します。

そのような現場を見させていただくと、なおさら器に対する愛おしさが増して、改めて大切に使おうという思いが強くなります。モノづくりはこうして手塩にかけ、地道な作業をコツコツと積み重ねて進めていくものなのだと自分の目で確かめられるのは、とても貴重な経験です。どれほどの手間と時間を費やされ、どれほどの思いが込められて生まれたものなのか、その道筋をたどることで自分も身の引き締まる思いがします。

それは、器に限らず、野菜でも生き物でも同じこと。どのような工程を経て、今ここに存在しているのかを知ることはとても重要だと実感しています。モノが生まれるまでの道を知れば、目の前の存在に対しての愛情も一段と深まりますし、逆に知らないことで見失ってしまう価値があるとも思っています。

モノを敬うことを忘れずに、愛しいものを大切にしながら、これからも暮らしていきたいです。

お茶を淹れてホッとするひと時。べにや無何有で購入した一点物のカップ＆ソーサー。

1. おおやぶみよさんのガラス皿。
2. Peter Ivy の Small rim plate。

3,4. 小西潮さんのガラス皿。
5. 不明。6. 原依子さんの豆皿。

7. 鹿児島睦さんのカップ。 8. 丸直製陶所。 9. 人間国宝・加藤孝造さんからの頂き物の湯のみ。 10. 松岡装子さんのミルクピッチャー。 11. 不明。

私が作った器たち

同じものは二度と作れないと思うから、
大切な器たち（箸も自作）です。

My Ceramic Works

お気に入りの
器雑貨や
家具のお店

- 雨晴（東京都港区）
- うつわ楓（東京都港区）
- 潮工房（神奈川県三浦市）
- 桃組（石川県金沢市）
- WOHL HÜTTE /（岐阜県美濃加茂市）
- PONTE（京都府京都市）
- 日月（沖縄県読谷村）

CHAPTER 4

KO's Lifestyle

「茶」

Tea

淹れること
ゆっくりいただくこと

永樂得全（14代／1852- 1909年）による得全黒茶碗
骨董品（銀座 新古美術 万葉洞）。

少し疲れたり、ストレスが溜まったり、ほっとひと息つきたい時に、「お茶」の存在はとても大きいと感じます。大好きなお茶のお稽古に行く時間が年に数回しか取れないので、もっぱらいえで楽しむことのほうが多いのですが。

少し時間に余裕がある時は、できるだけ「ゆっくり」お茶を点《た》てて飲むことを意識します。熱々のものを飲みたい気持ちをぐっとこらえて85℃の温度になるまで待ち、お湯を注いだらていねいに茶筅《ちゃせん》を振る。ひと口で飲めてしまう量でも、ゆっくり5口くらいかけて、さらに器を感じながらいただきます。そうすると自然と深呼吸ができるようになって、「ああ、深い呼吸が足りていなかったんだな」と気づかされることがあります。

お茶を点てるといっても難しいことは何もなく、道具も最低限のものを揃えているだけなので、特別な準備は必要ありません。もちろん「型」が大切という前提はありますが、とにかく「お茶が好きだから楽しみたい」という気持ちで点てています。そうやって普段の暮らしにお茶の時間を取り入れていると、瞑想と同じで無心になったり、考えを整理できたりするので、精神的にもすごく良い時間になります。

思い出すのは、小学生のころにお茶菓子目当てで行った茶道の体験です。浴衣を着せていただき、見よう見まねでやってみた時間でしたが、子どもながらに「何だか落ち着くな」としみじみ思ったことを覚えています。普段からいえでは正座をしていたので、足が痺《しび》れることもなく、日常的に緑茶を飲んでいたせいかお抹茶の味もおいしく感じていました。「お茶って良いものだな」という気持ちはそのころからずっと心の中にあったので、大人になってからお稽古できる時間が取れるようになったのはとても嬉しいことでした。

私は、お芝居も歌も、学校へ行ったりお稽古に通ったりして学んだ経験がありません。「型なし」ということにコンプレックスがあったせいもあり、お茶を通して「学ぶ」という時間を持てるのがとてもありがたいことだと思っています。お茶のお稽古をすると自分のダメな部分を目《ま》の当たりにすることもあり、鏡を見ているような気持ちになります。でも、ダメな自分も受け入れて、精進しようという気持ちになれるのは年齢のせいもあるかもしれません。30代になって、学んで吸収したいと素直に思うようになり、考え方や学ぶ姿勢が身についてきたように感じています。

お抹茶だけでなく、どんなお茶も好きです。まだまだ勉強中ですが、緑茶などの「不発酵茶」のおいしさや奥深さはもちろん、ウンカという虫が葉を齧《かじ》ることで独特の香りが生まれる「台湾蜜香紅茶」も興味深い。「東方美人」などは有名ですが、本当に綿あめのような香りがして格別です。お値段も高いので、贅沢な気分になりたい時にいただくようにしています。

すっきり目覚めたい時にはブラックティー。先日、ふるさと納税で送られてきた福岡の和紅茶は、有機栽培で作られているものでした。和紅茶は、インドのダージリンティーやスリランカのウバティーとは違い、丸みのある柔らかい味でとてもおいしくいただいています。

そのようにいろいろな種類のお茶を味わっていると、お茶の葉そのものにむくむくと興味が湧いてきます。発酵の具合や虫のつき方、日光の加減、月の満ち欠けなどによって様々に変化するお茶は、本当に不思議なことばかり。

茶葉づくりの様子や、生産者の方々のこともっと知りたくなって、あれこれ調べたり、会いに行ったりするようになりました。

そうやってより深く知ることで、さらにお茶が愛おしいものに感じられていく。お茶をいただく時間がもっともっと大切になり、かけがえのないものになっています。

忙しいからとバタバタせず、ちょっとひと息入れてみる。純粋にお茶を味わいながら、自分を取り戻す。「忙中有閑」にはお茶がいちばんです。

CHAPTER 5

KO's Lifestyle

「美」

Beauty

早く起きること

身体をととのえること

一日の中で、朝の時間をとても大切にしています。

もともとは夜型気味でしたが、早朝の清々しい空気を味わう良さを知り、朝型にシフトチェンジしました。忙しくなってくると難しいのですが、できる限り朝は5時半に起きます。まずは、アーユルヴェーダ式の舌磨きをします。旅先でもやっている習慣の一つです。舌磨きをしたら、うがいをし、白湯《さゆ》を飲む。これが起きてすぐのルーティンになっています。白湯を飲むと身体が温まり、少しずつ胃腸が動いてきます。

そのあとは瞑想。基本的に朝と夕方に20分ずつやっていますが、忙しくてその時間すら取れない時は、ひとまず目をつぶって深呼吸をするようにしています。瞑想もアーユルヴェーダ式で「TM」と呼ばれる「超越瞑想」を行っています。気持ちが落ち着いて、身体が緩んでいき、集中力が増してくる時間です。

瞑想のあとはリラックスタイム。猫と遊んだり、気になる宿をネット検索したり、窓を開けて換気をしながら、鳥の声を聞いてボーッとしたり。夜はあっという間に時間が過ぎていくような気がしますが、朝だとその後まだたっぷり時間があるし、なんだか得をしたような気持ちになります。

そんなリラックスした時間を過ごして7時くらいになったら朝食。ナッツやフルーツなど軽いものを食べますが、たまに「生はちみつ」を摂るようにしています。非加熱で無添加のはちみつは、すごくおいしいうえに、栄養価も高く、喉にもいい。甘いものが得意ではないのですが、生はちみつの甘さはおいしく感じられるので取り入れています。

ちなみに、喉のケアとしては、ライブの時に生はちみつと生姜入りのドリンクを飲むようにしています。立ち上がりが遅いタイプなので、きちんと身体を温めるよう心がけています。

基本的には、普段も温かい飲み物を飲んでいます。暑い夏はビールが格別ですが、そういう時も一日の終わりには白湯を飲んだりしています。冷房が苦手で、すぐに身体が冷えてしまうので、真夏の室内での過ごし方は目下の課題です。

また、なるべく「ホールフード」を意識して摂るようにしています。白砂糖はいえには置いていません。基本は黒糖もしくはてんさい糖で調理します。お米も１００％白米で食べることはほぼなく、玄米か、もしくは白米にアマランサス、黒米、黒ごま、雑穀を入れて炊いています。

身体のメンテナンスとしては、お風呂の時間も大事。時間がある時や疲れた時にはお湯と水風呂を交互に入る「交代浴」をします。自宅の場合はお風呂にミストサウナがついているので、あとはバスタブに薄く水を張って浸かります。サウナで温まったら、バスタブに入ってクールダウン。休憩を挟みながら3回ほど繰り返します。終わったころには身体も頭もすっきりするし、自律神経もととのえられるので積極的に取り入れています。

また、ここ数年気をつけているのは、お風呂で身体を洗う時に「ゴシゴシこすらない」ということ。もともと肌が弱いのでなおさらなのですが、スポンジなどは使わずに石鹸で手洗いします。そのおかげか、以前は粉を吹くくらいの乾燥肌だったのが、きちんと潤いを保てるようになりました。それまでは洗いすぎて必要な油分や水分まで奪ってしまっていたのかもしれません。

顔も同じく洗いすぎないようにしています。ミストタイプの化粧水でリフレッシュを兼ねて、気がついた時にシュッシュッと保湿しています。

髪に関しては、肌と同じく頭皮も弱いので、低刺激のシャンプーを使うようにしています。髪の表面だけをきれいにするよりも、根元のケアが大事なのです。以前は知人のサロンが都内にあって、ハーブシャンプーやクレンジングでケアしてもらっていました。最近はヘッドスパに行ったり、自宅のお風呂で自分でヘッドマッサージ器を使うこともあります。疲れていると頭皮が凝ってくるので、ほぐすようにして根元からケアしています。メンテナンスは続けることが大切ですね。スタイリングするときは、オイルで落ち着かせるようにしています。

週に2回ほどジムに通っていますが、特別に負荷をかけるトレーニングはしておらず、あくまでも、これ以上悪くならないようにメンテナンスとして筋膜リリースなどをしています。体重はほとんど気にせず、筋肉量やウエストの数値を決めて、目標に向かってコツコツとやっていくのが好きです。筋肉がつけば重くなるのは当然なので、体重を目安にするのはやめています。運動は好きなほうで、せっかちな性格のせいもあるのですが、普段から移動の時は早歩き。時速6㎞くらいで小走りしてしまうこともあるくらいです。

そのように気をつけていても、どうしても調子が悪くなることはあるもので、そんな時は漢方薬の出番です。市販のお薬で薬疹《やくしん》が出たこともあり、自分に合う漢方薬を常備するようになりました。寒気がしたり、喉に違和感があったりしたら、症状に合わせて飲むようにしています。

私にとっての身体のメンテナンスや美容というのは、食や住ともつながっているという意識が強いです。気持ち良く朝活をするには、住まいがととのっていたほうがいいですし、身体や肌、髪にとって食事はとても大切なもの。これさえやっておけば大丈夫という魔法のようなことはなくて、すべてがつながって連動していると感じます。

自分にとっての心地良さとは何か、どんな時にリラックスできるのかをきちんと見極めながら、日々を過ごしていきたいと思っています。

CHAPTER 6

KO's Lifestyle

「旅」

Trip

休むこと

日常から離れること

Totto-chan
The Little Girl at the Window
Tetsuko Kuroyanagi
The Book

私にとっての「旅」は、目的のないものがほとんどです。もちろん、友人との旅の場合は、いろいろ相談して「あれ食べたいね」とか、「あっちも見に行こう」などとアクティブになることもあります。ただ、一人旅は、とにかく休むために行くものと決めているので、忙しい時ほど自分が今いる環境を変えて、一人の時間を持つようにしています。

きれいな水のある場所が好きで、旅先に選ぶのは、つい温泉が多くなります。美しい水に身体ごと入れるのですから、一種のお清めのような感覚でお湯からパワーをいただく気持ちになります。よく行く温泉はいくつかあって、山形県の小野川温泉、長野県の美ヶ原温泉、熊本県の黒川温泉などです。

どこでも過ごし方はそれほど変わらず、まずお茶を一服。そして早速温泉をフルに堪能し、その後は散策もせずに部屋でゆっくりします。温かくなった身体を横たえ、ごろごろごろごろ……天井を見ながらボーッとしていると、たまらなく幸せな気持ちで胸がいっぱいになり「贅沢な時間だな」としみじみ思います。

田舎のおばあちゃんの家のような宿は心からくつろぐことができます。近くで採れた山菜や海の幸などが並ぶ食卓も楽しみの一つ。お宿の方が「こんなお料理ですが……」と謙遜されることもあるのですが、いつも「このお料理が、良いのです」と思いながらいただいています。その土地で長年作られてきた郷土料理は、足を運ばなければ味わえないもの。いただく時は、風土や季節を感じられる一品一品を慈しむようにしています。

そんな風に、パワーのある温泉とおいしいお料理があるだけで、私にとっては充分贅沢で、心底癒される旅になっています。

料理と同じで、目的地へ至るまでの過程が好きということがあるせいか、移動の時間はずっとワクワクしっぱなし。新幹線も電車も好きですし、車を自分で運転するのも厭《いと》いません。移動するための手段にも、持っていくアイテムにも、特別なこだわりはなくて、いつでも身軽にさっと旅に出ています。国内も海外も、目的があって行くというより「行きたい！」という衝動で出かけることが多いので、身軽なほうが私には合っているのでしょう。

数年前ですが、友人からの「2日後に韓国へ行くけど、一緒にどう?」というお誘いに「行く!」と即答し、現地集合しました。別の旅で訪れた台湾では、食べたいだけ食べて温泉も存分に楽しみましたし、ヨーロッパへ行けば、街並みや建築物を見るたびに美しくてため息が出ます。特別な目的はなくとも、楽しい時間や美しい景色が待っているのですから、旅はやめられません。時間が出来るとまたすぐに「どこかへ行きたい」という衝動がむくむくと湧いてきます。

海外へ行くといつも感心するのが、外国の人のバカンスの長さと「休む時間を上手に楽しんでいる」ということです。友人から聞いたのは「まず、最初の1週間は、仕事から自分を切り離す時間に費やす。その後の1週間は、ゆっくりバカンスを楽しむ。そして最後の1週間は、仕事に戻るための時間にする。だから、3週間なんてあっという間だよ」という話。「なるほど、確かにそうだな」と納得しました。仕事のことから離れるのには確かに時間が必要です。逆に、休んだ後の復帰にも時間をかけることで、リカバリーもスムーズにいきそうです。とはいえ、日本ではそこまで長いお休みを取るのは難しい状況ですし、長い休みに慣れていないということもあるでしょうね。

ただ、いつも何かを考えていて頭がフル回転状態なので「強制的に休むようにしないといけないな」と改めて思わされました。できることなら携帯電話もいえに置いて、ふらりと旅に出てみたいです。さすがにそこまではできませんが……。

どうしても遠くへ行けない時には、東京のホテルに泊まるというのも一つの選択肢です。いえにいると、つい家事をしたくなってあれこれ動き回ってしまうので、本当に疲れた時には、いえから離れてリセットするようにしています。洗い立てのシーツにおいしい料理、ラグジュアリーな空間、最上級のおもてなし……。ホテルでの時間は、温泉で過ごすのとはまた別の種類の贅沢さがあります。そこで過ごすだけで、穏やかな心持ちになれ、自然とゆったり呼吸できるようになっている自分に気がつきます。

旅の仕方も目的も人それぞれですが、私の場合はそんな風に「休む」ことを大切にする旅。温泉しかり、ホテルしかり、ゆっくりとした時間を堪能し、ただひたすら心穏やかに過ごす。縮こまった身体を伸ばして深呼吸しているうちに、自分を取り戻した気持ちになれます。

そして、そのために必要なものは、それほど多くはないのだと気づかされる時間でもあります。自分にとっての「贅沢とは何か」を見つめることにつながっているのでしょう。旅先の部屋でボーッとしていると、いつも思うのです。「旅とは『足るを知る』ことなのかもしれないな」と。

「新・湯治について」
温泉地には、温泉だけでなく多様な自然、歴史・文化、食など様々な魅力が詰まっており、環境省は、現代のライフスタイルにあった温泉地の過ごし方を「新・湯治」として提案しています。

私の愛する「日本の宿たち」

北海道／定山渓温泉
定山渓 第一寶亭留 翠山亭
落ち着きと品格、趣のあるロビーラウンジ。
温泉が中心のレイアウト。

岩手県／湯川温泉
山人-yamado-
ごはんが目でも楽しめる。女子旅によく使う。

宮城県／蔵王
温泉山荘 だいこんの花
広い敷地でゆったり気分。お野菜がおいしい。

山形県／かみのやま葉山温泉
名月荘
調度品が素敵。お部屋ごとに趣きが異なる。

山形県／小野川温泉
亀屋万年閣
猫の「ふくちゃん」がお見送り。とにかくお湯が良い。
家族で営んでいるほっこり宿。

栃木県／那須高原
那須別邸 回
バーのウイスキーとマスターが最高。
友達とワイワイが楽しいお部屋レイアウト。

新潟県／越後湯沢
里山十帖
オーガニック＆デトックスなディナー 。
でもつい日本酒を飲みすぎてしまう。

長野県／美ヶ原温泉
金宇館
お部屋でボーッとするのが気持ち良い。
読書部屋もある。 お料理もおいしい。

愛知県／三河湾
日間賀観光ホテル
『猫とじいちゃん』撮影の際に宿泊。
ワカメとタコがおいしすぎた。

熊本県/阿蘇
秘境白河源泉 山荘 竹ふえ
竹林の中のお部屋と療養泉が素晴らしい。

熊本県/阿蘇
黒川温泉 黒川荘
土間とこたつ、囲炉裏を構える離れの部屋は
とてもリラックスできる。

これから行ってみたい宿

- 熊本県/南阿蘇　夢しずく温泉「別邸蘇庵」
- 熊本県/阿蘇　「阿蘇のやまぼうし」
- 大分県/湯布院　「山荘無量塔」
- 鹿児島県/妙見温泉　「妙見石原荘」

CHAPTER 7

KO's Lifestyle

「猫」

Cats

猫と暮らすこと
癒されること

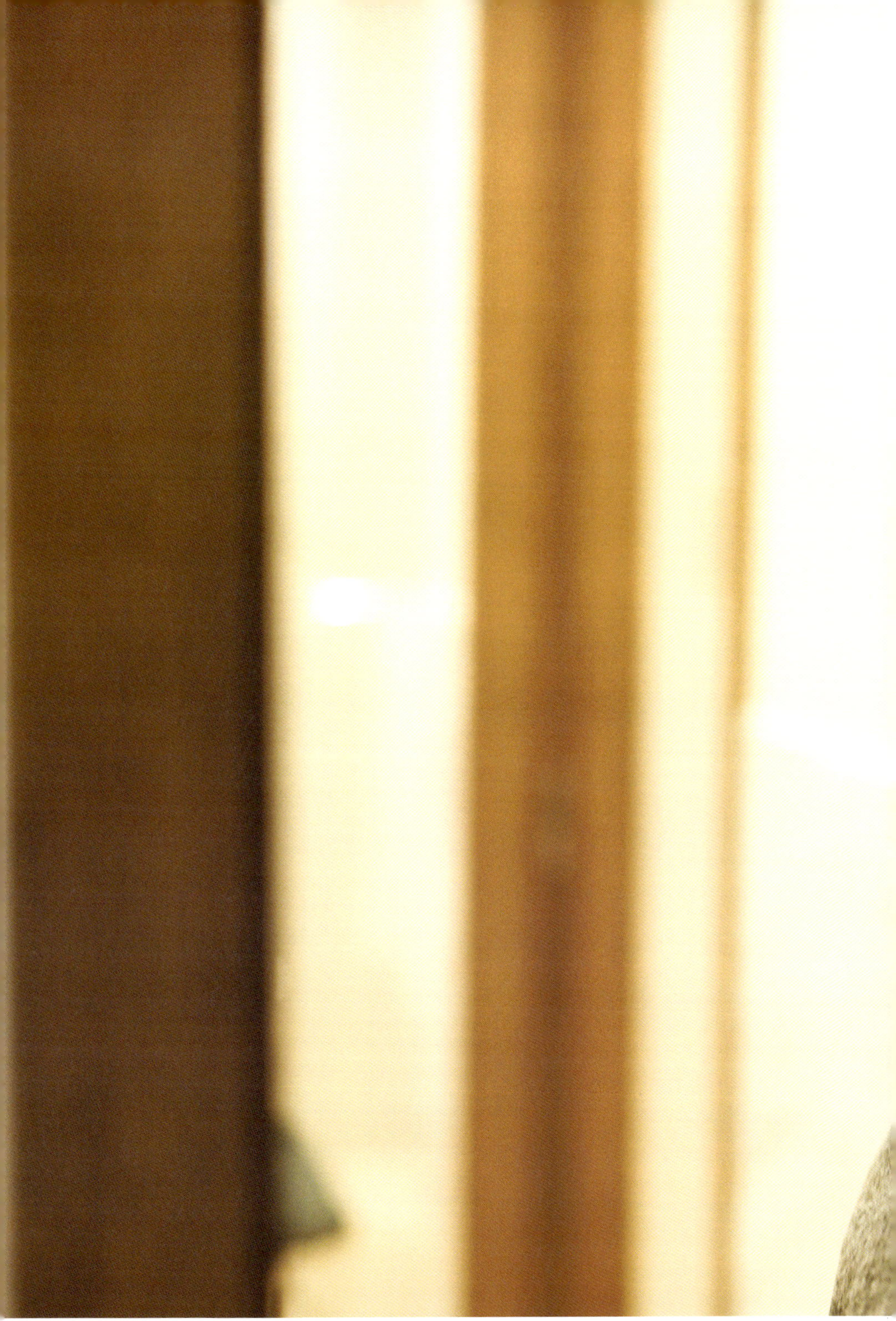

初めて猫と一緒に生活を始めたのは20歳のころでした。友人の知り合いから捨て猫を保護しているという話を聞き、見に行ったらもうメロメロになってしまって……。

箱に入れて捨てられていたという3匹の子猫のうち、1匹の黒猫はすでに貰い手が決まっていました。「2匹一緒にどうですか?」と聞かれ、経験がなかったので迷いましたが、どんな砂を用意すればいいか、ごはんはどうするかなど、いろいろ教えていただけるということで決断しました。

母を亡くし、父と二人での生活で「猫、飼いたいね」と話していたところだったので「良いタイミングかもしれないな」と。もともと父は、普通に歩いているだけで野良猫がすり寄ってくるような人なので、「アノン」と「タニン」と名付けた2匹は、すぐに慣れてくれました。もうトイレも覚えていて、排泄もできる状態での引き取りだったのでありがたかったです。

今思い出すと、反省することばかりですが、当時はあまりのかわいさに、ついつい、かまいすぎていたと思います。でも、知らなかった生態を知ったり、病気を乗り越えたりして「ただ単にかわいいだけじゃない。大切な命なんだ」ということを学びました。

私が一人暮らしを始めた後も、父と一緒に暮らす2匹は今もまだ元気で、動物病院から表彰されるくらいです。彼らの存在は「癒し」そのもので、今思えば、猫セラピーだったのかもしれません。私もそうですが、父がいちばん救われたのではないかと思っています。

仕事が忙しくなったこともあって一人暮らしを始めましたが、実家から歩いてすぐの場所で、いつでもアノンとタニンには会える状態だったので、自分で猫を飼おうという気持ちになっていませんでした。

その後、2011年のコンサートツアーの時、熊本の保護猫のカフェで出会ってしまったのが「のえる」でした。4時間ほど過ごしたのですが、彼女はずっと私のストールに座って動かず、そばにいました。その時点ですでに次の日も会いに行ったくらい気になる存在になっていたのですが、「一人暮らしだし、ツアーや撮影で家をあけることも多いし、熊本だし、いかん、いかん」と思いを断ち切って、一旦は東京へ帰りました。でも、それでも、忘れられなくて。

1ヶ月が過ぎたころに「やっぱりダメだ、忘れられない。申し出よう」と連絡してしまいました。本来なら、移動距離もあるので難しいケースではあるのですが「そこまで考えてくれるなら」と言ってくださって、のえるを引き取れることになったのです。

猫は人間にべったりでもないですし、自分の時間を大切にする生き物ですから、それほど手はかからなかったと思います。とはいえ、アノンとタニンの時は父も一緒でしたが、のえるとは1対1の関係です。自分以外の存在がそばにいるということは、想像以上にとても大きなことでした。

一緒に生活を始めてからは「のえる前」「のえる後」というくらい自分の性格が変わったと思っています。癒されることで余裕が生まれ、思考の仕方が変わっていきました。というのも、のえるはまるで「神様か」と思うくらい優しい性格で、教わることがたくさんあります。たとえば、私が怪我をすると、さりげなく患部のそばで寝てくれます。いつもは肩のあたりで寝ているのに、足を骨折すれば足元にずっと寄り添ってくれているのです。

それまでの私は、自分のことでいっぱいいっぱいで、他人の痛みや苦しみを考える余裕がないことも多々ありました。でも、のえると過ごすうちに、相手を思いやる気持ちや余裕が自然と出てくるようになりました。

話せないから気持ちを推測しなければいけないということもあるのかもしれません。「今こういう気持ちかな」「こうしてほしいのかな」と想像することが増え、人に対しても同じような気持ちで向き合えるようになっていきました。「のえるに育てられたな」としみじみ感じています。

そこからの私は勢いづいているので、もう怖いものなしです。「捨て猫がいる」「保護した子がいる」という話には「全部のるよ」という気持ちになっていました。

そして「地域猫で避妊する前に生まれた子がいる」という話が友達づてに入って、引き取ったのが「るな」です。まだ離乳前だったので、3時間おきにミルク

私のお気に入りのソファは、猫たちもお気に入りです。
あっという間にこうなってしまったけど仕方ない（笑）。

をあげ、排泄も促してあげてと、初めて子猫育てに取り組みました。のえるも一緒に見守ってくれていたので2匹の関係は良好だったと思います。

しかし、るなは「ＦＩＰ（猫伝染性腹膜炎）」を発症してしまいました。ウイルスの突然変異が原因で、なぜそうなるのかは解明されておらず、完治する方法もないという病気です。もっと幼いころにかかることが多いそうなのですが、るなは3歳で発症し、動物病院に通ったり、入院したりと頑張りながら4歳で亡くなりました。

生き物ですから、病気や死というものがついてまわるのは当然のことです。頭ではわかっていたものの、実際にこの悲しい出来事を経験して、目の前の存在に命があるということを改めて強く意識するようになりました。

その後も、友達や知り合いから、保護猫などの話がどんどん入るようになりました。そうしてやってきたのが、今オフィスにいる「モントン」です。ずっと下痢をしている子で、引き取り手が見つからないなか、体調は悪くなっていくばかり。早く誰かがどうにかしないといけない状態でした。

引き取ることにしたものの、下痢に加えて、のえるのストレスの問題もあるので、完全隔離してお世話をすることに。虫下しの薬を飲ませ、なんとか体調が戻ったころに検査をすると「猫エイズ」ということが判明しました。知識がなかったので動物病院の先生にいろいろ聞いたのですが、人に感染することはなく、猫への感染力も弱まっているし、共存したまま長生きする子もいるので怖がる必要はない、ということでした。ただ、感染する可能性はゼロではありません。

じつはのえるは先天性欠損のある子で腎臓が一つしかなく、一緒の生活は難しいと判断し、モントンはオフィスで暮らすことになったのです。

モントンは人見知りをまったくしない子で、誰かの膝の上に乗るのも、抱っこされるのも大好き。仕事中にひと息つきたい時にオフィスにモントンがいることで、すごく助かっています。

目下の課題は、夜に一人にさせてしまうということ。私やスタッフが時間差で出勤したりもしますが、どうにか同じ境遇の猫を引き取ることはできないかと考えています。

そして最近、我が家に新たな子がやってきました。これもまた友人経由で、事情があってどうしても飼えなくなってしまったというロシアンブルーの猫です。私にとって憧れの3大猫のうちの一つがロシアンブルー（ちなみに、あと二つはベンガルとメインクーンです）。写真を見て「ぜひ」と即答していました。

2歳になる「クレア」は、赤ちゃんだったるなの時のように、のえるとすんなり仲良くなれるとは思えませんでした。その前に少しだけ一時預かりした子がいたのですが、のえるは自分以外の存在がストレスだったようで、血便を出してしまったことがあったからです。しかも、クレアはかなり気高く神経質。人間だって不可解なことがあればストレスを感じるのですから、猫も同じ。時間をかけて少しずつ慣れてもらうようにしました。

クレアは、しばらくは私に対してもずっと威嚇をしていたのですが、匂いを嗅がせたりしながらなんとか場所にも私にも慣れてくれました。のえるも安定しているので大丈夫。

2ヶ月以上かかりましたが、時間をとって慎重にやれば良い関係を築けるものだと思っています。

気がつけば、いつの間にかいろいろな経験をしてきました。そのなかで、自分が常識だと思っていたことが覆されることが何度もありました。経験豊かな人に話を聞いたり、獣医さんに教えてもらったりして知識を得ながら、より良い方法を考えています。

保護猫や地域猫についての考え方は人それぞれです。自然の摂理を人間がコントロールして良いのか。増え続けることで広がる病気や事故を見過ごすことになるのではないか。避妊や去勢、保護の仕方、病気に関することなど、いろいろな意見があるのは当然のことです。それでも「動物たちが幸せに生きられるように」という気持ちはみんな同じはず。だからこそ「議論すること」をやめてはいけないと強く感じています。

それぞれに正解だと思うことがあったとしても、情報や知識は日々更新されていくのですから。議論し続けることで、みんなでより良い方向に進んでいけたらと願っています。

思い出すのは「千と千尋の神隠し」の「釜爺」が言うセリフ。「手ぇ出すなら、終《しま》いまでやれ」という言葉を胸に、これからも生き物が幸せに生きられる方法を考えながら、猫たちとの日々を過ごしていきたいと思っています。

Noel のえる

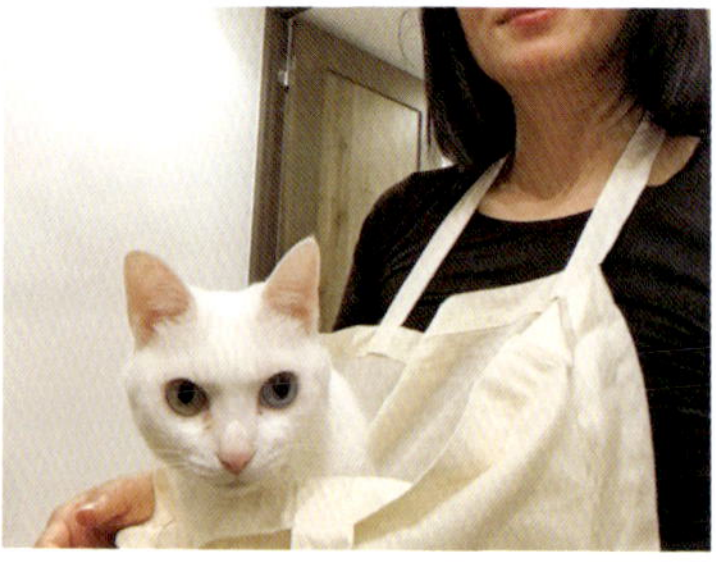

Crea
クレア

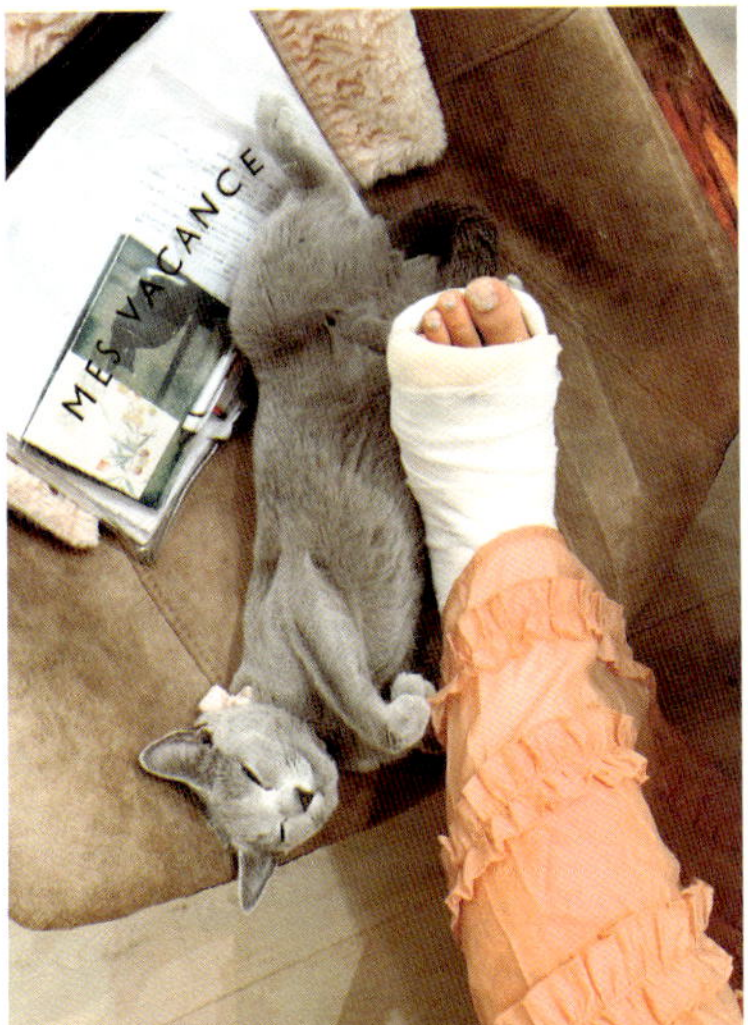

モントン

Monton

Anon & Tanin

アノン＆タニン

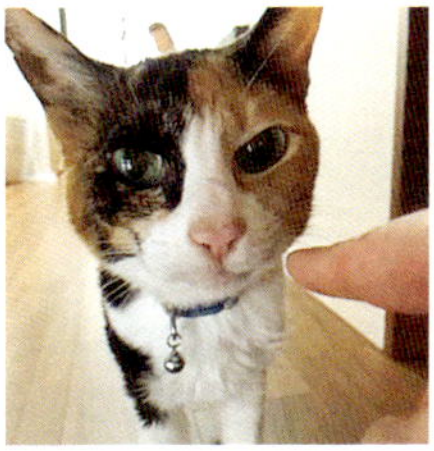

KO's Lifestyle

「歌」

Music

歌うこと
伝えること

歌うことも、音楽に言葉をのせる作詞の作業も大好きなことです。お芝居は与えられた役を演じ、皆で作り上げる「仕事」だと言い切れるのですが、歌うことはそれとは違い、「素の柴咲コウ」というわけでもなければ演じているわけでもない、不思議な感覚。「仕事」という気持ちで向き合うのとは別の活動です。

1998年に女優としてデビューし、CDデビューしたのはその4年後でした。ラジオ番組の企画でリスナーさんから歌詞を募集して歌うことになり、それなら自分でも歌詞を書いてみたいと、カップリング曲の楽曲の作詞をしました。知識もなく、書き方もわからない状態で始めたのですが、音にはまる言葉を探していく作業は、とても気持ちの良いものでした。

子どものころは読書感想文を書くのが好きで「原稿用紙5枚」という規定があったらギリギリまで言葉を綴《つづ》って、最後のひとマスを「。」ぴったりで終わるようにしていました。パズルのように言葉を探してはめていくのが好きだったので、作詞の作業も似ているのだろうと思います。

父はカントリーミュージックが好きで、幼いころから家でも音楽を聴いて育ちましたし、父と一緒に歌うこともありました。中学生になるとカラオケにもよく行って、土日のお昼から夕方までずっと歌うことも。男女かかわらず好きな歌がたくさんあって、そのなかでも槇原敬之さんや小田和正さんの楽曲をよく歌っていました。今も変わらず好きで、カバー曲や小田さんに作曲していただいた「ホントだよ」をコンサートで披露することもあります。

とはいえ「人前で歌う」ということに対して、最初はとても戸惑い、避けている状況でした。自分にまだ自信がなく、何が正解かもわからないまま始めたこともあって、辛《つら》い時期もありました。歌唱力もまだまだな、説得力のない自分が人前で歌って大丈夫なのだろうかと。

だから、最初のライブは記憶が一切ないくらい緊張していました。それでも、歌えば歌うほど人間は成長できるのだと思えるようにもなって、周りのサポートのおかげもあり、ずいぶん鍛えられたと実感しています。

作詞活動も同じで、少しずつ自分の言葉を紡げるようになってきました。心の内にある不安や不満、恐れや怒りなどのマイナスでネガティブな要素でさえも、それを活かせるのが作詞だと思っています。どんな感情も失敗もすべてを原動力にし、言葉として歌詞にできるようになってきました。キーワードがポコンと出ることもあれば、楽曲に関係なく書きたい思いがあふれることもあって、その都度書き留めておくようにしています。楽曲があがってきたら、そこに綴られたことをそのまま使うのではなく、そこから世界を広げていくようにしています。

ドラマや映画の主題歌を作る際には、脚本を読んで自分が感じたことを歌詞にしていきます。映像作品においての音楽は、決して単体として捉えられるものではありません。最後に流れるものなら、総仕上げのようなポイントになるので、物語を終わらせていく役目を持てるようにしています。そこには必ず「演じる」という経験をしているからこそ生まれる発想があり、それらを再構築して言葉にしていきます。

そういう意味では、女優としての仕事は、音楽活動に強い影響があることは確か。「自分が演じるならこう感じるだろう」という感覚や、実際に演じる場合はそこで体感した思いを、綴ることができるからです。

そんな風に歌うこと、作詞することを続けるうちにどんどん「音楽を作る場にもっと加担したい」という欲求が強くなっていきました。周りが用意してくださったものに乗るのではなく、自分なりに試行錯誤して方法を考え、できることをやり、表現を続けていきたいと思うようになりました。

様々なやり方がある中で、音楽に関しては、自分の会社で原盤を持ち、コンサートを主催するという方法を選びました。今の自分が表現したいこと、体現したいことが作品となって残せるようになってきたことはとても嬉しく思っています。音楽と自分の本質的な思いがどんどん近づいてきているように感じています。

今では、音楽とお芝居、さらには環境のことや猫のこと、衣食住すべてが循環してつながっているように感じています。以前は別のものとして分けて考えていましたが、自分の会社を持つことで、点と点がつながり、少しずつ循環してきています。

20代のころはそんな風につなげることを考える余裕もなかったですし、自分の考えていることを周りに伝える術《すべ》も持っていませんでした。有言実行よりも「不言実行」とか、「言わないで成功させたい」という気持ちがあったからかもしれません。しかし、やりたいことや表現したいこと、不満も不安も、周りに伝えなければ理解を得られることはないのだと気づいてからは、きちんと分析し、感情的にならずに相手に伝えられるようになってきました。

今改めて言葉の大切さを思い知っています。なんでも「やばい」の一言で表現してしまう時代ですが、自分でも言葉の力を大切にしながら伝えるようにしていきたいですね。

「自分の弱さに負けたくない」という負けず嫌いな性分のせいもあると思います。誰かに負けたくないのではなく、自分の中に湧き起こった消化できない悔しさや虚《むな》しさに負けたくない。問題があるごとに燃えて、解決するためにどうすれば良いかをいつも考えています。

一人のプレイヤーとしては限界があるかもしれませんが、言葉にして伝えることで周りを巻き込み、同じ想いを持っている人たちと一緒に動いていけたら嬉しいです。

音楽に限らず、環境問題や動物たちのことについても、自分だけではできないことや助けてほしいことは声にしてアピールすると、賛同する人たちと出会う場が増えていきます。もっと声を上げて、共感してくれる人たちとの輪を広げていきたい。自分一人では成し得ないことにもしっかりと目を向け、手を伸ばし、課題解決に向けて動いていくフェーズに来ていると感じています。

おばあちゃんになっても同志が集会所に集まるような、そんな活動を続けていけたら良いなと願っています。

CHAPTER 9

KO's Lifestyle

「衣」

Clothing

纏うこと
発信すること

「どんな人が、どんな風に考え、どのようにして作られたものなのだろう?」

自分が手にするものや口にするものについて、いつしか私はそんな疑問を持つようになりました。純粋に興味があって「知りたい」と思う気持ちもありますし、知ることで安心できるからだと思います。

野菜やお茶の葉などの食品はもちろん、器や家具などの身の回りで使うモノ、洗剤やティッシュなどの消耗品まで、私たちの身の回りにはあらゆるモノが存在し、世の中はモノであふれています。自分で選んで購入しているのに、そのモノの背景についてあまりにも知らないことがたくさんありすぎると感じていました。

消費に行き着くまでのプロセスについては、取材をさせていただく機会があったり、同じように興味を持っている人から話を聞いたりしながら、少しずつ知るようになっていきました。知れば知るほど強くなったのが「健全な労働環境で作られたもの」「環境保全をしながら、資源を大切に育まれたもの」が良いという思い。そうして、その思いを元にアパレルブランドを立ち上げました。

もともと肌が弱い私にとって、天然繊維で作られたもののほうが心地良いのはもちろん、環境に配慮して作られたものを身に纏《まと》いたいという気持ちも大きかったと思います。

まずは、オーガニックコットンやテンセル、リヨセルなど様々な天然繊維や、化学繊維について勉強を始めることに。生産者さんの元へ足を運び、話を聞き、実際に作られる工程を見ていると、さらなる興味が湧いてきます。

実感しているのは、実際に作ってみないとわからない加減がたくさんあるということです。敏感肌ゆえに「オーガニックコットンが良い」と思っても、生地として洋服に仕立ててみると、なかなか思っていたような仕上がりに行き着かなかったりします。土台に化学繊維を混ぜないと風合いが出ないことがわかったり、生地を重ねないとボリュームが出せないが、重ねると倍量になってしまい、結果着づらい、エコじゃない、となったり。理想と現実のギャップを感じながら少しずつ進んでいる最中です。

大変なこともありますが、そういう問題に直面するのは、作り手としてとても重要でかけがえのない経験だと思っています。どんな不具合があって、どんな問題が起こりうるのか、知らなければ何も進められませんし、知ることによって新たな問題定義をしていけると考えているからです。

素材にこだわっていると、どうしても価格を安く抑えられないこともあります。開発から工程まで、手間も時間もかかっているため、当然コストも上がります。「高いものにはそれなりに理由がある」ということもまた、私自身学んでいることですし、もっとたくさんの人に伝えていかなければいけないと考えています。なぜなら、洋服に限らず、安いものに対して疑問を持つことにもつながると思うから。「原料はいくらなのだろうか」「作り手の賃金はどうなっているのだろうか」そう考えていくと、工程を知ることの大切さを実感します。環境にとって、社会にとって良いものにこそ価値があり、対価を払うべきではないかと思います。

そんななか、『再生[*]ポリエステル繊維』と出会い、その生地でダウンジャケットを製作することになりました。新しい再生繊維を使ってどんなものが作れるだろうかと想像していると、とても楽しくてワクワクしてきます。

環境問題は「臭い物に蓋をする」という感じで、とかく後回しにされがち。でも、ワクワクすることならばきっとみんなが目を向けてくれるはずです。作り手も企業も消費者も、みんなが環境問題に関わることに楽しい価値があると思えたら、相乗効果によって良い方向へ転換していけるのではないでしょうか。新しい再生繊維を見ながら、もしかしたらそうなる日は遠くないかもしれないという予感もしています。

そんな風にいろいろ考えながら様々な原料にこだわりつつも、おしゃれが楽しめるデザインということも大切にしています。

ファッションとは相手があってのもの。その日会う人や出かける場所に合わせ、「品格と形式」を大切にして身につけるものだと思います。もちろん、自分自身の気持ちを高めるためにおしゃれをすることもたくさんあります。

単に環境に配慮した素材であるだけではなく、色彩や風合いなどもとても大切なことです。環境に遠慮しておしゃれを制限してしまうのではなく、天然の染め方や新たな素材を積極的に取り入ながら、自分のブランドで作る洋服は、地球や環境のことを考えながらも、「ハレ」と「ケ」どちらにもおしゃれに着られるものでありたいと考えています。

いつも心にあるのは、「美しいものが好き」「美しいものに囲まれて生活したい」という思い。ファッションもこの「美しいもの」の一つです。そして「美しい」とは、見た目のことだけでなく、ものが生まれる背景の「本質的な美しさ」も含まれています。

まだまだ勉強しなければいけないこと、取り組まなければいけないことは山積みで、進んでいく道が険しいときもあるかもしれません。それでも、自分が考える「正しい美しさ」に向け、少しずつでもしっかりと進んでいきたいと思っています。

＊表地に再生ポリエステル繊維（ペットボトルなどを原料にした繊維）を使用。中のワタは、回収したカシミア製品をリサイクルした、再生カシミアと再生ポリエステル繊維を混ぜた素材を、小さいボール状にしたイタリア製のものです。カシミア製品をアップサイクルすることで廃棄の削減と資源循環につながります。また、近年叫ばれている廃棄プラスチック問題にも注目し、再生ポリエステル繊維を使用することによってプラスチックごみの削減につながるなどのエシカルな循環に取り組んでいます。

ES VAC N

おわりに

女優として仕事を始めて21年が過ぎました。目の前にあるお仕事に対して全力で取り組む日々を送るようになり、生活ができて、その生活を愛おしいと思えるようになりました。

そんななかで沸々《ふつふつ》と湧いてくる感覚がありました。それは、「人間社会はこのままで良いのか」という漠然とした不安感。その不安を紐といてみてわかったのは、「物事には『入口』と『出口』があるはずなのに、自分の周りにあるものについての出口がわかっていない」ということでした。

今、自分が手にしているものは一体どこへいくのでしょう？　出口を考えずにたくさんのものを消費している人間のツケは、いったいいつ来るのでしょう？ブラックホールが身近に存在し、不都合なものをパクッと飲み込んでくれるわけではありません。そんな疑問からの不安がずっと心の中に存在していました。だからといって何をすれば良いのかわからず、焦燥感に駆られていました。

そして、30歳を過ぎ、今までとは違った視点で自分を見つめられるようになると同時に、自らの「使命」を意識するようになりました。「少しでも問題を解決できるようになりたい」「社会の問題を緩和できるようなモノづくりがしたい」そう考えるようになって、自分の会社の設立に至りました。

「生活する」ということは「衣食住」と密接に関わっていくこと。そこには必ず消費行動というものが発生します。消費があるから供給があり、様々なものが生み出されていきます。ならば、自分も含めた消費者の意識が少しでも良い方向へ変わっていけば、供給されるものも変わっていくのではないか。そのためには、モノが生まれる工程や背景を知ることが大切だし、自分が消費したものがどう処理されていくかを知ることも重要だと考えています。

もちろん、私自身も、生産の現場に足を運び、環境問題について様々な人の話を聞き、日々知識を蓄えている最中です。自分でモノづくりを通して発信していくことによって、社会が少しでも良い状況へ変わっていけたらと日々奮闘しています。

そんななかで環境省から「環境特別広報大使」というお役目をいただき、ますます自分の使命を強く意識するようになりました。

この本に取り組んだのは、自分の暮らしやモノづくりにまつわる話を通し、まずは身の回りの衣食住から見直して、消費について、環境について、持続可能な世の中を考えるきっかけになってくれたらという思いがあってのこと。

私は不完全な人間ですから、読んでくださる方々の良いお手本になれるとは思っていません。ヒトは十人十色ですし、私自身毎日を精一杯生きているつもりでも、自分の中にオリが溜まっていき、その水溜まりが澱《よど》んで、悪循環に陥る時もあります。

それでも、日々は更新されて、良きも悪きも積み重なって、自分というオリジナルな人間が作られるのだと思います。いろいろな経験を重ねてきたからこそ、乗り越えてきたからこその景色がある。後悔も、自己否定も、したくありません。

そのうえで目の前にある問題に取り組んでいきたいと考えています。

生活することとは、己を生きること。

それに加えて、自己を生かすこと、生きるを活かすこと。

年齢を重ねることがこんなに楽しいことだとは思いませんでしたし、生きた時間が少しずつ増えることによって、減るかと思っていたワクワクが増えていることに驚きます。

うめしごとや作陶、お茶の時間もその一つ。自分が若いころに出会ってもここまで夢中になっていなかったような気がします。

オリジナルに彩られた世界で、今という自分を、そして周囲の人を受け入れて、生きていきたい。

これからも、自分を活かして、世の中の「普通」という概念の中に、環境や生き物に対するもう少しの思いやりを持ち、「自分を生きる豊かさ」を感じられる、そんな社会づくりに粉骨砕身していきたい。それが、今の自分の使命だと思っています。

柴咲コウ
Ko Shibasaki

数々の映画やドラマで女優として活躍し、2017年大河ドラマ「おんな城主 直虎」では主役を演じる。音楽を愛し、全国コンサートツアーやイベント開催、楽曲のリリースを続けている。芸能生活20周年を迎えた2018年から、環境省より任命され「環境特別広報大使」としても活動している。事業家としては社会を多面的に捉えたビジネスを生み出している。

文・撮影 柴咲コウ

撮影 網中健太(網中健太写真事務所)
(カバー、P.9〜23, P.27〜40, P.47〜54,
P.56〜95, P.100〜101, P.107〜123)

フォトグラファーアシスタント
島津美紗(網中健太写真事務所)

スタイリスト 柴田 圭(ZEN creative)
(カバー、P.117, 123)

スタイリストアシスタント
宮木祥子(ZEN creative)
(カバー、P.117, 123)

ヘア&メイク 川添カユミ
(カバー、P.117, 123)

協力 レトロワグラース株式会社
(高岸 遥/稲見彩子/泉原采佳/藤原歌月名)

協力 重藤瑠衣(株式会社パルコ)

取材 晴山香織

ブックデザイン 若井夏澄(tri)

編集 登石木綿子

衣装協力 MES VACANCES
(P.117のブラウス&スカート、P.123のTシャツ)
https://mesvacances.jp

LIFE
THE KO
生きるを活かす9のこと

発行日 2019年9月26日 第1刷
2019年12月3日 第3刷

著者 柴咲コウ

発行人 井上 肇
編集 堀江由美
発行所 株式会社パルコ
エンタテインメント事業部
東京都渋谷区宇田川町15-1
電話 03-3477-5755
https://publishing.parco.jp

印刷・製本 株式会社 加藤文明社

ISBN978-4-86506-310-3 C0095
Printed in Japan

※本書掲載の旅館、ショップ等の情報は、
2019年9月現在のものです。